मिर्ज़ा ग़ालिब

इश्क़ ने 'ग़ालिब'
निकम्मा कर दिया

प्रभाकर प्रकाशन

ISBN: 978-93-93193-11-7
eISBN: 978-93-93193-12-4

प्रकाशकः प्रभाकर प्रकाशन
प्लॉट नं.-55, मेन मदर डेयरी रोड
पांडव नगर, ईस्ट दिल्ली-110092
फोनः 011-40395855
व्हाट्स ऐपः +91 8368220032
ई-मेलः sales@pharosbooks.in
वेबसाइटः www.prabhakarprakashan.com

संस्करणः 2022

इश्क़ ने 'ग़ालिब' निकम्मा कर दिया
मिर्ज़ा ग़ालिब

परिचय

मिर्ज़ा असद-उल्लाह बेग खां उर्फ़ 'ग़ालिब' उर्दू एवं फारसी भाषा के महान शायर थे। इनको उर्दू भाषा का सर्वकालिक महान शायर माना जाता है और फारसी कविता के प्रवाह को हिन्दुस्तानी ज़बान में लोकप्रिय करवाने का श्रेय भी इनको दिया जाता है। ग़ालिब के लिखे पत्र, जो उस समय प्रकाशित नहीं हुए थे, को भी उर्दू लेखन का महत्त्वपूर्ण दस्तावेज़ माना जाता है। उन्हे दबीर-उल-मुल्क और नज़्म-उद-दौला का खिताब मिला। ग़ालिब नाम से लिखने वाले मिर्ज़ा मुगल काल के आख़िरी शासक बहादुर शाह ज़फ़र के दरबारी कवि भी रहे थे। आगरा, दिल्ली और कलकत्ता में अपनी ज़िन्दगी गुजारने वाले ग़ालिब को मुख्यतः उनकी उर्दू ग़ज़लों के लिए याद किया जाता है।

ग़ालिब का जन्म आगरा मे 27 दिसंबर, 1797 को एक सैनिक पृष्ठभूमि वाले परिवार में हुआ था। उन्होंने अपने पिता और चाचा को बचपन में ही खो दिया था, ग़ालिब का जीवनयापन मूलतः अपने चाचा के मरणोपरांत मिलने वाली पेंशन से होता था। (वो ब्रिटिश ईस्ट इंडिया कंपनी मे सैन्य अधिकारी थे) ग़ालिब की पृष्ठभूमि एक तुर्क परिवार से थी और इनके दादा मध्य एशिया के समरकन्द से सन् 1750 के आसपास भारत आए थे। उनके दादा मिर्ज़ा कोबान बेग ख़ान अहमद शाह के शासन काल में समरकंद से भारत आये। उन्होंने दिल्ली, लाहौर व जयपुर मे काम किया और अन्ततः आगरा मे बस गये। उनके दो पुत्र व तीन पुत्रियाँ थीं। मिर्ज़ा अब्दुल्ला बेग ख़ान व मिर्ज़ा नसरुल्ला बेग ख़ान उनके दो पुत्र थे।

मिर्ज़ा अब्दुला बेग ख़ान [मिर्ज़ा ग़ालिब के पिताजी] ने एक कश्मीरी लड़की इज़्ज़त-उत-निसा बेगम से निकाह किया और वो अपने ससुराल में रहने लग गये। उन्होंने पहले लखनऊ के नवाब और बाद में हैदराबाद के निजाम के यहाँ काम किया। उनकी सन् 1803 में अलवर में युद्ध के दौरान मौत हो गयी और उस समय मिर्ज़ा ग़ालिब केवल पाँच साल के थे। चाचा मिर्ज़ा नसरुल्ला बेग ख़ान ने उनका पालन पोषण किया।

इनके पूर्वज तुर्की में रहा करते थे। इनके पिता लखनऊ के नवाब के यहाँ काम करते थे, लेकिन सन् 1803 में इनकी मौत हो गई, जिसके बाद छोटे से मिर्ज़ा को उनके चाचा ने बड़ा किया। ग्यारह साल की उम्र से ही मिर्ज़ा ने कविता लिखना शुरू कर दिया था। मिर्ज़ा ने तेरह साल की उम्र में उमराव बेगम से शादी कर ली। मिर्ज़ा साहब ने लाहौर, जयपुर दिल्ली में काम किया था, बाद में वे आगरा आकर रहने लगे।

ग़ालिब अपने जमाने में मीर तक़ी 'मीर' के काफ़ी चाहने वालों में थे। इन्होंने उनके बारे में भी काफ़ी लिखा है। ज़िंदगी के इकहत्तर साल के लम्बे सफर में ग़ालिब ने उर्दू और फ़ारसी की बेइंतहा ख़िदमत कर ख़ूब शोहरत कमाया। अपनी तेज़धार कलम की बदौलत उन्होंने उर्दू शायरी को नया मुक़ाम, नई ज़िन्दगी और रवानी दी। अगर बात उर्दू अदब की हो और ज़िक्र ग़ालिब का ना हो तो बेमानी है। अदब की दुनियाँ में जहाँ शेक्सपीयर, मिल्टन, टैगोर, तुलसीदास का जो मुक़ाम है ग़ालिब भी वहीं नुमाया हैं। उनकी दीवान विश्व-साहित्य के लिए अनमोल धरोहर है। उर्दू अदब में भले ही अनेकों शायर हुये हों मगर ग़ालिब के कलाम पढ़ने व सुनने वालों के दिलों की कैफ़ियत बदल देती है। ग़ालिब के कलाम आज भी गंगा की रवानी की तरह लोगों के जेहन व ज़ुबान पर कल-कल करती हुई बह रहे हैं तथा हमेशा लोगों के मस्तिष्क पटल पर ज़िन्दा रहेंगी।

हम को मा'लूम है, जन्नत की हक़ीक़त, लेकिन
दिल के ख़ुश रखने को, 'ग़ालिब,' ये ख़याल अच्छा है

❖❖❖

इस सादगी पे कौन न मर जाए ऐ ख़ुदा
लड़ते हैं और हाथ में तलवार भी नहीं

❖❖❖

इश्क़ ने 'ग़ालिब' निकम्मा कर दिया
वर्ना हम भी आदमी थे काम के

मोहब्बत में नहीं है फ़र्क़ जीने और मरने का
उसी को देख कर जीते हैं जिस काफ़िर पे दम निकले

❖❖❖

हज़ारों ख़्वाहिशें ऐसी कि हर ख़्वाहिश पे दम निकले
बहुत निकले मिरे अरमान लेकिन फिर भी कम निकले

❖❖❖

उन के देखे से जो आ जाती है मुँह पर रौनक
वो समझते हैं कि बीमार का हाल अच्छा है

ये न थी हमारी क़िस्मत कि विसाल-ए-यार होता
अगर और जीते रहते यही इंतिज़ार होता

❖❖❖

रगों में दौड़ते फिरने के हम नहीं क़ाइल
जब आँख ही से न टपका तो फिर लहू क्या है

❖❖❖

इशरत-ए-क़तरा है दरिया में फ़ना हो जाना
दर्द का हद से गुज़रना है दवा हो जाना

इश्क़ पर ज़ोर नहीं, है ये वो आतिश 'ग़ालिब'
कि लगाए न लगे, और बुझाए न बने

❖❖❖

वो आए घर में हमारे, ख़ुदा की क़ुदरत है
कभी हम उन को कभी अपने घर को देखते हैं

❖❖❖

न था कुछ तो ख़ुदा था, कुछ न होता तो ख़ुदा होता
डुबोया मुझ को होने ने, न होता मैं तो क्या होता

आईना क्यूँ न दूँ कि तमाशा कहें जिसे
ऐसा कहाँ से लाऊँ कि तुझ सा कहें जिसे

❖❖❖

रंज से ख़ूगर हुआ इंसाँ, तो मिट जाता है रंज
मुश्किलें मुझ पर पड़ीं इतनी कि आसाँ हो गईं

❖❖❖

बे-ख़ुदी बे-सबब नहीं 'ग़ालिब'
कुछ तो है जिस की पर्दा-दारी है

हैं और भी दुनिया में सुख़न-वर बहुत अच्छे
कहते हैं, कि 'ग़ालिब' का है अंदाज-ए-बयाँ और

❖❖❖

दिल ही तो है न संग-ओ-ख़िश्त दर्द से भर न आए क्यूँ
रोएँगे हम हज़ार बार कोई हमें सताए क्यूँ

❖❖❖

आह को चाहिए इक उम्र असर होने तक
कौन जीता है तिरी ज़ुल्फ़ के सर होने तक

बस-कि दुश्वार है हर काम का आसाँ होना
आदमी को भी मयस्सर नहीं इंसाँ होना

❖❖❖

रेख़्ते के तुम्हीं उस्ताद नहीं हो 'ग़ालिब'
कहते हैं अगले ज़माने में कोई 'मीर' भी था

❖❖❖

हम को उन से वफ़ा की है उम्मीद
जो नहीं जानते वफ़ा क्या है

इश्क़ से तबीअत ने ज़ीस्त का मज़ा पाया
दर्द की दवा पाई, दर्द-ए-बे-दवा पाया

❖❖❖

बाज़ीचा-ए-अतफ़ाल है दुनिया मिरे आगे
होता है शब-ओ-रोज़ तमाशा मिरे आगे

❖❖❖

मौत का एक दिन मुअय्यन है
नींद क्यूँ रात भर नहीं आती

ये कहाँ की दोस्ती है कि बने हैं दोस्त नासेह
कोई चारा-साज़ होता कोई ग़म-गुसार होता

❖❖❖

काबा किस मुँह से जाओगे 'ग़ालिब'
शर्म तुम को मगर नहीं आती

❖❖❖

हम ने माना कि तग़ाफ़ुल न करोगे लेकिन
ख़ाक हो जाएँगे हम तुम को ख़बर होने तक

पूछते हैं वो कि 'ग़ालिब' कौन है
कोई बतलाओ कि हम बतलाएँ क्या

❖❖❖

दर्द मिन्नत-कश-ए-दवा न हुआ
मैं न अच्छा हुआ, बुरा न हुआ

❖❖❖

आगे आती थी हाल-ए-दिल पे हँसी
अब किसी बात पर नहीं आती

मेरी क़िस्मत में गम गर इतना था
दिल भी, या-रब, कई दिए होते

❖❖❖

कहूँ किस से मैं कि क्या है शब-ए-ग़म बुरी बला है
मुझे क्या बुरा था मरना अगर एक बार होता

❖❖❖

कब वो सुनता है कहानी मेरी
और फिर वो भी ज़बानी मेरी

आईना देख अपना सा मुँह ले के रह गए
साहब को दिल न देने पे कितना ग़ुरूर था

❖❖❖

करने गए थे उस से तग़ाफ़ुल का हम गिला
की एक ही निगाह कि बस ख़ाक हो गए

❖❖❖

कहाँ मय-ख़ाने का दरवाज़ा 'ग़ालिब' और कहाँ वाइज़
पर इतना जानते हैं कल वो जाता था कि हम निकले

मरते हैं आरज़ू में मरने की
मौत आती है पर नहीं आती

❖❖❖

हम वहाँ हैं जहाँ से हम को भी
कुछ हमारी ख़बर नहीं आती

❖❖❖

कोई मेरे दिल से पूछे, तिरे तीर-ए-नीम-कश को
ये ख़लिश कहाँ से होती, जो ज़िगर के पार होता

सादिक हूँ अपने क़ौल का 'ग़ालिब' ख़ुदा गवाह
कहता हूँ सच कि झूट की आदत नहीं मुझे

❖❖❖

फिर उसी बेवफ़ा पे मरते हैं
फिर वही ज़िंदगी हमारी है

❖❖❖

जी ढूँडता है फिर वही फ़ुर्सत कि रात दिन
बैठे रहें तसव्वुर-ए-जानाँ किए हुए

क़र्ज़ की पीते थे मय लेकिन समझते थे कि हाँ
रंग लावेगी हमारी फ़ाक़ा-मस्ती एक दिन

❖❖❖

हर एक बात पे कहते हो तुम कि तू क्या है
तुम्हीं कहो कि ये अंदाज़-ए-गुफ़्तुगू क्या है

❖❖❖

होगा कोई ऐसा भी कि 'ग़ालिब' को न जाने
शाइर तो वो अच्छा है प बदनाम बहुत है

कहते हैं जीते हैं उम्मीद पे लोग
हम को जीने की भी उम्मीद नहीं

❖❖❖

कितने शीरीं हैं तेरे लब, कि रक़ीब
गालियाँ खा के बे-मज़ा न हुआ

❖❖❖

क़ैद-ए-हयात ओ बंद-ए-गम, अस्ल में दोनों एक हैं
मौत से पहले आदमी ग़म से नजात पाए क्यूँ

नींद उस की है दिमाग़ उस का है, रातें उस की हैं
तेरी ज़ुल्फें जिस के बाज़ू पर परेशाँ हो गई

❖❖❖

बना कर फ़क़ीरों का हम भेस, 'ग़ालिब'
तमाशा-ए-अहल-ए-करम देखते हैं

❖❖❖

'ग़ालिब' बुरा न मान जो वाइज़ बुरा कहे
ऐसा भी कोई है कि सब अच्छा कहें जिसे

आशिक़ी सब्र-तलब और तमन्ना बेताब
दिल का क्या रंग करूँ, ख़ून-ए-जिगर होने तक

❖❖❖

पिला दे ओक से साक़ी जो हम से नफ़रत है
पियाला गर नहीं देता, न दे, शराब तो दे

❖❖❖

रोने से और इश्क़ में बे-बाक हो गए
धोए गए हम ऐसे कि बस पाक हो गए

तुम सलामत रहो हज़ार बरस
हर बरस के हों दिन पचास हज़ार

❖❖❖

मैं भी मुँह में ज़बान रखता हूँ
काश पूछो कि मुद्दआ क्या है

❖❖❖

इश्क़ मुझ को नहीं वहशत ही सही
मेरी वहशत तिरी शोहरत ही सही

बक रहा हूँ जुनूँ में क्या-क्या कुछ
कुछ न समझे, ख़ुदा करे कोई

❖❖❖

तिरे वादे पर जिए हम तो ये जान झूट जाना
कि ख़ुशी से मर न जाते अगर ए'तिबार होता

❖❖❖

आ ही जाता वो राह पर 'ग़ालिब'
कोई दिन और भी जिए होते

निकलना ख़ुल्द से आदम का सुनते आए हैं, लेकिन
बहुत बे-आबरू हो कर तिरे कूचे से हम निकले

❖❖❖

देखिए पाते हैं उश्शाक़, बुतों से क्या फ़ैज़
इक बरहमन ने कहा है, कि ये साल अच्छा है

❖❖❖

जान तुम पर निसार करता हूँ
मैं नहीं जानता दुआ क्या है

कोई वीरानी सी वीरानी है
दश्त को देख के घर याद आया

❖❖❖

'ग़ालिब' छुटी शराब, पर अब भी कभी-कभी
पीता हूँ रोज़-ए-अब्र ओ शब-ए-माहताब में

❖❖❖

की मिरे क़त्ल के बाद उस ने जफा से तौबा
हाए उस ज़ूद-पशीमाँ का पशीमाँ होना

हुई मुद्दत कि 'ग़ालिब' मर गया पर याद आता है
वो हर इक बात पर कहना कि यूँ होता तो क्या होता

❖❖❖

जला है जिस्म जहाँ, दिल भी जल गया होगा
कुरेदते हो जो अब राख, जुस्तुजू क्या है

❖❖❖

क़ासिद के आते आते ख़त इक और लिख रखूँ
मैं जानता हूँ जो वो लिखेंगे जवाब में

मेहरबाँ हो के बुला लो मुझे, चाहो जिस वक़्त
मैं गया वक़्त नहीं हूँ, कि फिर आ भी न सकूँ

❖❖❖

आता है दाग़-ए-हसरत-ए-दिल का शुमार याद
मुझ से मिरे गुनह का हिसाब, ऐ ख़ुदा न माँग

❖❖❖

दिल-ए-नादाँ, तुझे हुआ क्या है
आख़िर इस दर्द की दवा क्या है

है कुछ ऐसी ही बात जो चुप हूँ
वर्ना क्या बात कर नहीं आती

❖❖❖

बुलबुल के कारोबार पे हैं ख़ंदा-हा-ए-गुल
कहते हैं जिस को इश्क़ ख़लल है दिमाग़ का

❖❖❖

गो हाथ को जुम्बिश नहीं, आँखों में तो दम है
रहने दो अभी साग़र-ओ-मीना मिरे आगे

कोई उम्मीद बर नहीं आती
कोई सूरत नज़र नहीं आती

❖❖❖

जाते हुए कहते हो क़यामत को मिलेंगे
क्या ख़ूब क़यामत का है गोया कोई दिन और

❖❖❖

ये मसाईल-ए-तसव्वुफ़ ये तिरा बयान 'ग़ालिब'
तुझे हम वली समझते जो न बादा-ख़्वार होता

आए है बेकसी-ए-इश्क़ पे रोना 'ग़ालिब'
किस के घर जाएगा सैलाब-ए-बला मेरे बअ'द

❖❖❖

बोसा देते नहीं और दिल पे है हर लहज़ा निगाह
जी में कहते हैं कि मुफ़्त आए तो माल अच्छा है

❖❖❖

जब तवक़्क़ो ही उठ गई 'ग़ालिब'
क्यूँ किसी का गिला करे कोई

आशिक़ हूँ प माशूक़-फ़रेबी है मिरा काम
मजनूँ को बुरा कहती है लैला मिरे आगे

❖❖❖

ईमाँ मुझे रोके है जो खींचे है मुझे कुफ़्र
काबा मिरे पीछे है कलीसा मिरे आगे

❖❖❖

अपनी गली में मुझ को न कर दफ़्न, बाद-ए-क़त्ल
मेरे पते से ख़ल्क़ को क्यूँ तेरा घर मिले

क्यूँ जल गया न ताब-ए-रुख़-ए-यार देख कर
जलता हूँ, अपनी ताक़त-ए-दीदार देख कर

❖❖❖

हुए मर के हम जो रुस्वा हुए क्यूँ न ग़र्क़-ए-दरिया
न कभी जनाज़ा उठता न कहीं मज़ार होता

❖❖❖

जान दी, दी हुई उसी की थी
हक़ तो यूँ है, कि हक़ अदा न हुआ

अपनी हस्ती ही से हो, जो कुछ हो
आगही गर नहीं ग़फ़लत ही सही

❖❖❖

जब कि तुझ बिन नहीं कोई मौजूद
फिर ये हंगामा ऐ ख़ुदा क्या है

❖❖❖

दिखा के जुम्बिश-ए-लब ही तमाम कर हम को
न दे जो बोसा तो मुँह से कहीं जवाब तो दे

खुलता किसी पे क्यूँ मिरे दिल का मोआमला
शेरों के इंतिखाब ने रुस्वा किया मुझे

❖❖❖

ये फ़ित्ना, आदमी की ख़ाना-वीरानी को क्या कम है
हुए तुम दोस्त जिसके, दुश्मन उस का आसमाँ क्यूँ हो

❖❖❖

मैंने माना कि कुछ नहीं 'ग़ालिब'
मुफ़्त हाथ आए, तो बुरा क्या है

थी ख़बर गर्म कि 'ग़ालिब' के उड़ेंगे पुर्ज़े
देखने हम भी गए थे प तमाशा न हुआ

❖❖❖

अर्ज-ए-नियाज़-ए-इश्क़ के क़ाबिल नहीं रहा
जिस दिल पे नाज़ था मुझे, वो दिल नहीं रहा

❖❖❖

रहिए अब ऐसी जगह चल कर जहाँ कोई न हो
हम-सुख़न कोई न हो और हम-ज़बाँ कोई न हो

या-रब, वो न समझे हैं, न समझेंगे मिरी बात
दे और दिल उन को जो न दे मुझ को ज़बाँ और

❖❖❖

न सुनो गर बुरा कहे कोई
न कहो गर बुरा करे कोई

❖❖❖

कौन है, जो नहीं है हाजत-मंद
किस की हाजत रवा करे कोई

बे-नियाज़ी हद से गुज़री, बंदा-परवर कब तलक
हम कहेंगे हाल-ए-दिल, और आप फ़रमावेंगे क्या

❖❖❖

ता फिर न इंतिज़ार में नींद आए उम्र भर
आने का अहद कर गए, आए जो ख़्वाब में

❖❖❖

आतिश-ए-दोजख़ में ये गर्मी कहाँ
सोज़-ए-गम-हा-ए-निहानी और है

क़त्अ कीजे न तअ'ल्लुक़ हम से
कुछ नहीं है तो अदावत ही सही

❖❖❖

तुझ से क़िस्मत में मिरी सूरत-ए-क़ुफ़्ल-ए-अबजद
था लिखा बात के बनते ही जुदा हो जाना

❖❖❖

कुछ तो पढ़िए, कि लोग कहते हैं
आज 'ग़ालिब' ग़ज़ल-सरा न हुआ

हुआ है शह का मुसाहिब, फिरे है इतराता
वगरना शहर में 'ग़ालिब' की आबरू क्या है

❖❖❖

हम कहाँ के दाना थे, किस हुनर में यकता थे
बे-सबब हुआ 'ग़ालिब', दुश्मन आसमाँ अपना

❖❖❖

'ग़ालिब'-ए-ख़स्ता के बग़ैर कौन से काम बंद हैं
रोइए ज़ार ज़ार क्या कीजिए हाए हाए क्यूँ

न सताइश की तमन्ना, न सिले की परवा
गर नहीं हैं मिरे अश'आर में मअ'नी न सही

❖❖❖

'ग़ालिब' न कर हुज़ूर में तू बार बार अर्ज़
ज़ाहिर है तेरा हाल सब उन पर कहे बग़ैर

❖❖❖

हम हैं मुश्ताक़, और वो बे-ज़ार
या इलाही ये माजरा क्या है

आते हैं ग़ैब से ये मज़ामीं ख़याल में
'ग़ालिब' सरीर-ए-ख़ामा नवा-ए-सरोश है

❖❖❖

रही न ताक़त-ए-गुफ़्तार, और अगर हो भी
तो किस उमीद पे कहिए कि आरज़ू क्या है

❖❖❖

इब्न-ए-मरयम हुआ करे कोई
मेरे दुख की दवा करे कोई

गम-ए-हस्ती का 'असद' किस से हो जुज़ मर्ग इलाज
शम्अ हर रंग में जलती है सहर होते तक

❖❖❖

उधर वो बद-गुमानी है इधर ये ना-तवानी है
न पूछा जाए है उस से न बोला जाए है मुझ से

❖❖❖

क्यूँकर उस बुत से रखूँ जान अज़ीज़
क्या नहीं है मुझे ईमान अज़ीज़

आज हम अपनी परेशानी-ए-ख़ातिर उन से
कहने जाते तो हैं पर देखिए क्या कहते हैं

❖❖❖

रहमत अगर क़ुबूल करे क्या बईद है
शर्मिंदगी से उज़्र न करना गुनाह का

❖❖❖

दैर नहीं, हरम नहीं, दर नहीं, आस्ताँ नहीं
बैठे हैं रहगुज़र पे हम, ग़ैर हमें उठाए क्यूँ

ख़त लिखेंगे गरचे मतलब कुछ न हो
हम तो आशिक़ हैं तुम्हारे नाम के

❖❖❖

यही है आज़माना तो सताना किस को कहते हैं
अदू के हो लिए जब तुम तो मेरा इम्तिहाँ क्यूँ हो

❖❖❖

क्या वो नमरूद की ख़ुदाई थी
बंदगी में मिरा भला न हुआ

क्या ख़ूब तुम ने ग़ैर को बोसा नहीं दिया
बस चुप रहो हमारे भी मुँह में ज़बान है

गो मैं रहा रहीन-ए-सितम-हा-ए-रोज़गार
लेकिन तिरे ख़याल से ग़ाफ़िल नहीं रहा

अगले वक़्तों के हैं ये लोग, इन्हें कुछ न कहो
जो मय ओ नग़्मा को अंदोह-रुबा कहते हैं

जिस जख़्म की हो सकती हो तदबीर रफ़ू की
लिख दीजियो या रब उसे क़िस्मत में अदू की

❖❖❖

इन आबलों से पाँव के घबरा गया था मैं
जी ख़ुश हुआ है राह को पुर-ख़ार देख कर

❖❖❖

जाना पड़ा रक़ीब के दर पर हज़ार बार
ऐ काश, जानता न तिरे रह-गुज़र को मैं

ज़िंदगी अपनी जब इस शक्ल से गुज़री 'ग़ालिब'
हम भी क्या याद करेंगे कि ख़ुदा रखते थे

❖❖❖

ये हम जो हिज्र में दीवार-ओ-दर को देखते हैं
कभी सबा को कभी नामा-बर को देखते हैं

❖❖❖

दे मुझ को शिकायत की इजाज़त कि सितमगर
कुछ तुझ को मज़ा भी मिरे आज़ार में आवे

मय से ग़रज़ नशात है किस रू-सियाह को
इक-गूना बे-ख़ुदी मुझे दिन रात चाहिए

❖❖❖

था ज़िंदगी में मर्ग का खटका लगा हुआ
उड़ने से पेश-तर भी मिरा रंग ज़र्द था

❖❖❖

हाँ वो नहीं ख़ुदा-परस्त, जाओ वो बेवफ़ा सही
जिस को हो दीन-ओ-दिल अज़ीज़ उस की गली में जाए क्यूँ

जिक्र उस परी-वश का, और फिर बयाँ अपना
बन गया रक़ीब, आखरि, था जो राज-दाँ अपना

❖❖❖

हम भी तस्लीम की खू डालेंगे
बे-नियाजी तिरी आदत ही सही

❖❖❖

तुम जानो, तुम को गैर से जो रस्म-ओ-राह हो
मुझ को भी पूछते रहो, तो क्या गुनाह हो

फ़ाएदा क्या सोच आख़िर तू भी दाना है 'असद'
दोस्ती नादाँ की है जी का ज़ियाँ हो जाएगा

❖❖❖

ए'तिबार-ए-इश्क़ की ख़ाना-ख़राबी देखना
ग़ैर ने की आह लेकिन वो ख़फा मुझ पर हुआ

❖❖❖

अगर ग़फ़लत से बाज़ आया जफ़ा की
तलाफ़ी की भी ज़ालिम ने तो क्या की

क्यूँ न फिरदौस में दोज़ख़ को मिला लें यारब
सैर के वास्ते थोड़ी सी जगह और सही

❖❖❖

वाइज़ न तुम पियो न किसी को पिला सको
क्या बात है तुम्हारी शराब-ए-तुहूर की

❖❖❖

रात दिन गर्दिश में हैं सात आसमाँ
हो रहेगा कुछ न कुछ घबराएँ क्या

और बाज़ार से ले आए, अगर टूट गया
साग़र-ए-जम से मिरा जाम-ए-सिफ़ाल अच्छा है

❖❖❖

सुनते हैं जो बहिश्त की तारीफ़, सब दुरुस्त
लेकिन ख़ुदा करे, वो तिरा जल्वा-गाह हो

❖❖❖

सब कहाँ, कुछ लाला-ओ-गुल में नुमायाँ हो गईं
ख़ाक में क्या सूरतें होंगी, कि पिन्हाँ हो गईं

दाइम पड़ा हुआ तिरे दर पर नहीं हूँ मैं
ख़ाक ऐसी ज़िंदगी पे, कि पत्थर नहीं हूँ मैं

❖❖❖

कलकत्ते का जो ज़िक्र किया तू ने हम-नशीं
इक तीर मेरे सीने में मारा कि हाए हाए

❖❖❖

आँख की तस्वीर सर-नामे पे खींची है कि ता
तुझ पे खुल जावे कि इस को हसरत-ए-दीदार है

काव काव-ए-सख़्त-जानी हाए-तन्हाई न पूछ
सुब्ह करना शाम का लाना है जू-ए-शीर का

❖❖❖

आज वाँ तेग़ ओ कफ़न बाँधे हुए जाता हूँ मैं
उज़्र मेरे क़त्ल करने में वो अब लावेंगे क्या

❖❖❖

है आदमी बजाए ख़ुद, इक महशर-ए-ख़याल
हम अंजुमन समझते हैं, ख़ल्वत ही क्यूँ न हो

इस नज़ाकत का बुरा हो वो भले हैं तो क्या
हाथ आवें तो उन्हें हाथ लगाए न बने

❖❖❖

कह सके कौन कि ये जल्वागरी किस की है
पर्दा छोड़ा है वो उस ने कि उठाए न बने

❖❖❖

उस लब से मिल ही जाएगा बोसा कभी तो हाँ
शौक़-ए-फ़ुज़ूल ओ जुरअत-ए-रिंदाना चाहिए

हद चाहिए सज़ा में उक़ूबत के वास्ते
आख़िर गुनाहगार हूँ काफ़र नहीं हूँ मैं

❖❖❖

एक हंगामे पे मौक़ूफ़ है घर की रौनक़
नौहा-ए-ग़म ही सही नग़्मा-ए-शादी न सही

❖❖❖

छोड़ूँगा मैं न उस बुत-ए-काफ़िर का पूजना
छोड़े न ख़ल्क़ गो मुझे काफ़र कहे बग़ैर

चाहिए अच्छों को जितना चाहिए
ये अगर चाहें तो फिर क्या चाहिए

❖❖❖

मुद्दत हुई है यार को मेहमाँ किए हुए
जोश-ए-क़दह से बज़्म चराग़ाँ किए हुए

❖❖❖

जम्अ करते हो क्यूँ रक़ीबों को
इक तमाशा हुआ, गिला न हुआ

उस अंजुमन-ए-नाज़ की क्या बात है, 'ग़ालिब'
हम भी गए वाँ और तिरी तक़दीर को रो आए

❖❖❖

बे-दर-ओ-दीवार सा इक घर बनाया चाहिए
कोई हम-साया न हो और पासबाँ कोई न हो

❖❖❖

बहरा हूँ मैं, तो चाहिए दूना हो इल्तिफ़ात
सुनता नहीं हूँ बात, मुकर्रर कहे बग़ैर

हो चुकीं 'ग़ालिब' बलाएँ सब तमाम
एक मर्ग-ए-ना-गहानी और है

❖❖❖

मय वो क्यूँ बहुत पीते बज़्म-ए-ग़ैर में या रब
आज ही हुआ मंज़ूर उन को इम्तिहाँ अपना

❖❖❖

की वफ़ा हम से, तो ग़ैर इस को जफ़ा कहते हैं
होती आई है, कि अच्छों को बुरा कहते हैं

ज़हर मिलता ही नहीं मुझ को सितमगर वर्ना
क्या क़सम है तिरे मिलने की कि खा भी न सकूँ

❖❖❖

सब्ज़ा ओ गुल कहाँ से आए हैं
अब्र क्या चीज़ है हवा क्या है

❖❖❖

हैफ़ उस चार गिरह कपड़े की क़िस्मत 'ग़ालिब'
जिस की क़िस्मत में हो आशिक़ का गिरेबाँ होना

वफ़ा कैसी कहाँ का इश्क़ जब सर फोड़ना ठहरा
तो फिर ऐ संग-दिल तेरा ही संग-ए-आस्ताँ क्यूँ हो

❖❖❖

दिल से मिटना तिरी अंगुश्त-ए-हिनाई का ख़याल
हो गया गोश्त से नाख़ुन का जुदा हो जाना

❖❖❖

ज़िंदगी में तो वो महफ़िल से उठा देते थे
देखूँ अब मर गए पर कौन उठाता है मुझे

जब मय-कदा छुटा तो फिर अब क्या जगह की क़ैद
मस्जिद हो, मदरसा हो, कोई ख़ानक़ाह हो

❖❖❖

किसी को दे के दिल कोई नवा-संज-ए-फ़ुग़ाँ क्यूँ हो
न हो जब दिल ही सीने में तो फिर मुँह में ज़बाँ क्यूँ हो

❖❖❖

जमाना सख़्त कम-आज़ार है ब-जान-ए-असद
वगरना हम तो तवक़्क़ो ज़्यादा रखते हैं

है कहाँ तमन्ना का दूसरा क़दम या रब
हम ने दश्त-ए-इम्काँ को एक नक़्श-ए-पा पाया

❖❖❖

तू ने क़सम मय-कशी की खाई है 'ग़ालिब'
तेरी क़सम का कुछ ए'तिबार नहीं है

❖❖❖

तेशे बग़ैर मर न सका कोहकन 'असद'
सरगश्ता-ए-ख़ुमार-ए-रुसूम-ओ-क़ुयूद था

‘ग़ालिब’ तिरा अहवाल सुना देंगे हम उन को
वो सुन के बुला लें ये इजारा नहीं करते

❖❖❖

‘ग़ालिब’ हमें न छेड़ कि फिर जोश-ए-अश्क से
बैठे हैं हम तहय्या-ए-तूफ़ाँ किए हुए

❖❖❖

आगही दाम-ए-शुनीदन जिस क़दर चाहे बिछाए
मुद्दआ अन्क़ा है अपने आलम-ए-तक़रीर का

देखना तक़रीर की लज़्ज़त, कि जो उस ने कहा
मैंने ये जाना कि गोया ये भी मेरे दिल में है

❖❖❖

ग़म अगरचे जाँ-गुसिल है, प कहाँ बचें कि दिल है
ग़म-ए-इश्क़ गर न होता ग़म-ए-रोज़गार होता

❖❖❖

खुलेगा किस तरह मज़्मूँ मिरे मक्तूब का या रब
क़सम खाई है उस काफ़िर ने क़ाग़ज के जलाने की

कभी नेकी भी उस के जी में गर आ जाए है मुझ से
जफ़ाएँ कर के अपनी याद शरमा जाए है मुझ से

❖❖❖

ग़ैर लें महफ़िल में बोसे जाम के
हम रहें यूँ तिश्ना-लब पैग़ाम के

❖❖❖

बू-ए-गुल, नाला-ए-दिल, दूद-ए-चराग़-ए-महफ़िल
जो तिरी बज़्म से निकला, सो परेशाँ निकला

बहुत दिनों में तग़ाफ़ुल ने तेरे पैदा की
वो इक निगह कि ब-ज़ाहिर निगाह से कम है

❖❖❖

हस्ती के मत फरेब में आ जाइयो 'असद'
आलम तमाम हल्क़ा-ए-दाम-ए-ख़्याल है

❖❖❖

फिर मुझे दीदा-ए-तर याद आया
दिल जिगर तिश्ना-ए-फ़रियाद आया

घर में था क्या कि तिरा ग़म उसे ग़ारत करता
वो जो रखते थे हम इक हसरत-ए-तामीर सो है

❖❖❖

जो ये कहे कि रेख़्ता क्यूँके हो रश्क-ए-फ़ारसी
गुफ़्ता-ए-'ग़ालिब' एक बार पढ़ के उसे सुना कि यूँ

❖❖❖

या रब हमें तो ख़्वाब में भी मत दिखाइयो
ये महशर-ए-ख़याल कि दुनिया कहें जिसे

एक एक क़तरे का मुझे देना पड़ा हिसाब
ख़ून-ए-जिगर वदीअत-ए-मिज़्गान-ए-यार था

❖❖❖

'ग़ालिब' अपना ये अक़ीदा है ब-क़ौल-ए-'नासिख़'
आप बे-बहरा है जो मों'तक़िद-ए-'मीर' नहीं

❖❖❖

क्यूँ गर्दिश-ए-मुदाम से घबरा न जाए दिल
इंसान हूँ पियाला ओ साग़र नहीं हूँ मैं

है ख़बर गर्म उन के आने की
आज ही घर में बोरिया न हुआ

❖❖❖

या-रब ज़माना मुझ को मिटाता है किस लिए
लौह-ए-जहाँ पे हर्फ़-ए-मुकर्रर नहीं हूँ मैं

❖❖❖

हुई जिन से तवक़्क़ो ख़स्तगी की दाद पाने की
वो हम से भी ज़ियादा ख़स्ता-ए-तेग़-ए-सितम निकले

बस-कि हूँ, 'ग़ालिब', असीरी में भी आतिश ज़ेर-ए-पा
मू-ए-आतिश दीदा है हल्क़ा मिरी ज़ंजीर का

❖❖❖

परतव-ए-ख़ुर से है शबनम को फ़ना की तालीम
मैं भी हूँ एक इनायत की नज़र होते तक

❖❖❖

दोस्त गम-ख़्वारी में मेरी सई फ़रमावेंगे क्या
ज़ख़्म के भरते तलक नाख़ुन न बढ़ जावेंगे क्या

किस से महरूमी-ए-क़िस्मत की शिकायत कीजे
हम ने चाहा था कि मर जाएँ सो वो भी न हुआ

❖❖❖

जानता हूँ सवाब-ए-ताअत-ओ-ज़ोहद
पर तबीअत इधर नहीं आती

❖❖❖

बात पर वाँ ज़बान कटती है
वो कहें और सुना करे कोई

हर-चंद हो मुशाहिदा-ए-हक़ की गुफ़्तुगू
बनती नहीं है बादा-ओ-साग़र कहे बग़ैर

❖❖❖

अब जफ़ा से भी हैं महरूम हम अल्लाह-अल्लाह
इस क़दर दुश्मन-ए-अरबाब-ए-वफ़ा हो जाना

❖❖❖

तंगी-ए-दिल का गिला क्या ये वो काफ़िर-दिल है
कि अगर तंग न होता तो परेशाँ होता

वो चीज़ जिस के लिए हम को हो बहिश्त अज़ीज़
सिवाए बादा-ए-गुलफ़ाम-ए-मुश्क-बू क्या है

❖❖❖

बार-हा देखी हैं उन की रंजिशें
पर कुछ अब के सरगिरानी और है

❖❖❖

क्या फ़र्ज़ है कि सब को मिले एक सा जवाब
आओ न हम भी सैर करें कोह-ए-तूर की

छोड़ा न रश्क ने कि तिरे घर का नाम लूँ
हर इक से पूछता हूँ कि जाऊँ किधर को मैं

❖❖❖

हवस को है नशात-ए-कार क्या क्या
न हो मरना तो जीने का मज़ा क्या

❖❖❖

अपना नहीं ये शेवा कि आराम से बैठें
उस दर पे नहीं बार तो का'बे ही को हो आए

फूँका है किस ने गोश-ए-मोहब्बत में ऐ ख़ुदा
अफ़्सून-ए-इंतिज़ार तमन्ना कहें जिसे

❖❖❖

मुनहसिर मरने पे हो, जिस की उमीद
ना-उमीदी उस की, देखा चाहिए

❖❖❖

ना-कर्दा गुनाहों की भी हसरत की मिले दाद
या रब अगर इन कर्दा गुनाहों की सज़ा है

तुझ से तो कुछ कलाम नहीं, लेकिन ऐ नदीम
मेरा सलाम कहियो, अगर नामा-बर मिले

❖❖❖

ये लाश-ए-बे-कफ़न 'असद'-ए-ख़स्ता-जाँ की है
हक़ मगफ़िरत करे अजब आज़ाद मर्द था

❖❖❖

न लुटता दिन को तो कब रात को यूँ बे-ख़बर सोता
रहा खटका न चोरी का दुआ देता हूँ रहज़न को

दम लिया था न क़यामत ने हनूज़
फिर तिरा वक़्त-ए-सफ़र याद आया

❖❖❖

भागे थे हम बहुत, सो उसी की सज़ा है ये
हो कर असीर दाबते हैं राहज़न के पाँव

❖❖❖

बंदगी में भी वो आज़ादा ओ ख़ुद-बीं हैं कि हम
उल्टे फिर आए दर-ए-काबा अगर वा न हुआ

रौ में है रख़्श-ए-उम्र कहाँ देखिए थमे
ने हाथ बाग पर है न पा है रिकाब में

❖❖❖

न हुई गर मिरे मरने से तसल्ली न सही
इम्तिहाँ और भी बाक़ी हो तो ये भी न सही

❖❖❖

दिल-ए-हर-क़तरा है साज़-ए-अनल-बहर
हम उस के हैं, हमारा पूछना क्या

पुर हूँ मैं शिकवे से यूँ राग से जैसे बाजा
इक ज़रा छेड़िए, फिर देखिए क्या होता है

❖❖❖

सँभलने दे मुझे ऐ ना-उमीदी क्या क़यामत है
कि दामान-ए-ख़याल-ए-यार छूटा जाए है मुझ से

❖❖❖

अदा-ए-ख़ास से 'ग़ालिब' हुआ है नुक्ता-सरा
सला-ए-आम है यारान-ए-नुक्ता-दाँ के लिए

बोसा कैसा यही ग़नीमत है
कि न समझे वो लज़्ज़त-ए-दुश्नाम

❖❖❖

चलता हूँ थोड़ी दूर हर इक तेज़-रौ के साथ
पहचानता नहीं हूँ अभी राहबर को मैं

❖❖❖

मैं भला कब था सुख़न-गोई पे माइल 'ग़ालिब'
शेर ने की ये तमन्ना के बने फ़न मेरा

ख़ूब था पहले से होते जो हम अपने बद-ख़्वाह
कि भला चाहते हैं और बुरा होता है

❖❖❖

हर इक मकान को है मकीं से शरफ़ 'असद'
मजनूँ जो मर गया है, तो जंगल उदास है

❖❖❖

ज़िद की है और बात, मगर ख़ू बुरी नहीं
भूले से उस ने सैकड़ों वादे वफ़ा किए

अहल-ए-बीनश को है तूफ़ान-ए-हवादिस मकतब
लुत्मा-ए-मौज कम अज़ सैली-ए-उस्ताद नहीं

❖❖❖

उम्र भर देखा किए मरने की राह
मर गए पर देखिए, दिखलाएँ क्या

❖❖❖

लेता नहीं मिरे दिल-ए-आवारा की ख़बर
अब तक वो जानता है, कि मेरे ही पास है

काम उस से आ पड़ा है कि जिस का जहान में
लेवे न कोई नाम सितम-गर कहे बग़ैर

❖❖❖

लिखते रहे जुनूँ की हिकायात-ए-ख़ूँ-चकाँ
हर-चंद इस में हाथ हमारे क़लम हुए

❖❖❖

देखिए लाती है उस शोख़ की नख़वत क्या रंग
उस की हर बात पे हम नाम-ए-ख़ुदा कहते हैं

दाम-ए-हर-मौज में है हल्क़ा-ए-सद-काम-ए-नहंग
देखें क्या गुज़रे है क़तरे पे गुहर होते तक

❖❖❖

गर तुझ को है यक़ीन-ए-इजाबत दुआ न माँग
यानी बग़ैर-ए-यक-दिल-ए-बे-मुद्दआ न माँग

❖❖❖

लाज़िम था कि देखो मिरा रस्ता कोई दिन और
तन्हा गए क्यूँ अब रहो तन्हा कोई दिन और

पकड़े जाते हैं फ़रिश्तों के लिखे पर ना-हक़
आदमी कोई हमारा दम-ए-तहरीर भी था

❖❖❖

सौ बार बंद-ए-इश्क़ से आज़ाद हम हुए
पर क्या करें, कि दिल ही अदू है फ़राग़ का

❖❖❖

मुझ तक कब, उन की बज़्म में, आता था दौर-ए-जाम
साक़ी ने कुछ मिला न दिया हो शराब में

दिल में, ज़ौक़-ए-वस्ल ओ याद-ए-यार तक, बाक़ी नहीं
आग इस घर में लगी ऐसी कि जो था जल गया

❖❖❖

दिल को नियाज़-ए-हसरत-ए-दीदार कर चुके
देखा तो हम में ताक़त-ए-दीदार भी नहीं

❖❖❖

ज़िंदगी यूँ भी गुज़र ही जाती
क्यूँ तिरा राहगुज़र याद आया

मैं और बज़्म-ए-मय से यूँ तिश्ना-काम आऊँ
गर मैं ने की थी तौबा साक़ी को क्या हुआ था

❖❖❖

हैराँ हूँ दिल को रोऊँ कि पीटूँ जिगर को मैं
मक़्दूर हो तो साथ रखूँ नौहागर को मैं

❖❖❖

अल्लाह रे ज़ौक़-ए-दश्त-नवर्दी कि बाद-ए-मर्ग
हिलते हैं ख़ुद-ब-ख़ुद मिरे अंदर कफ़न के पाँव

हूँ गिरफ़्तार-ए-उल्फ़त-ए-सय्याद
वर्ना बाक़ी है ताक़त-ए-परवाज़

❖❖❖

बे-इश्क़ उम्र कट नहीं सकती है और याँ
ताक़त ब-क़दर-ए-लज़्ज़त-ए-आज़ार भी नहीं

❖❖❖

ढाँपा कफ़न ने दाग़-ए-उयूब-ए-बरहनगी
मैं वर्ना हर लिबास में नंग-ए-वजूद था

है अब इस मामूरे में क़हत-ए-ग़म-ए-उल्फ़त 'असद'
हम ने ये माना कि दिल्ली में रहें खावेंगे क्या

❖❖❖

हज़रत-ए-नासेह गर आवें दीदा-ओ-दिल फ़र्श-ए-राह
कोई मुझ को ये तो समझा दो कि समझाएँगे क्या

❖❖❖

नज़र लगे न कहीं उस के दस्त-ओ-बाज़ू को
ये लोग क्यूँ मिरे ज़ख़्म-ए-जिगर को देखते हैं

मैंने मजनूँ पे लड़कपन में 'असद'
संग उठाया था कि सर याद आया

❖❖❖

शेर 'ग़ालिब' का नहीं वही ये तस्लीम मगर
ब-ख़ुदा तुम ही बता दो नहीं लगता इल्हाम

❖❖❖

बैठा है जो कि साया-ए-दीवार-ए-यार में
फ़रमाँ-रवा-ए-किश्वर-ए-हिन्दुस्तान है

मैंने चाहा था कि अंदोह-ए-वफ़ा से छूटूँ
वो सितमगर मिरे मरने पे भी राज़ी न हुआ

❖❖❖

मुज़्महिल हो गए क़ुवा, 'ग़ालिब'
वो अनासिर में ए'तिदाल कहाँ

❖❖❖

गंजीना-ए-मअ'नी का तिलिस्म उस को समझिए
जो लफ़्ज़ कि 'ग़ालिब' मिरे अशआर में आवे

दोनों जहान दे के, वो समझे, ये ख़ुश रहा
याँ आ पड़ी ये शर्म, कि तकरार क्या करें

❖❖❖

सोहबत में ग़ैर की न पड़ी हो कहीं, ये ख़ू
देने लगा है बोसा बगैर इल्तिजा किए

❖❖❖

मोहब्बत थी चमन से लेकिन अब ये बे-दिमाग़ी है
कि मौज-ए-बू-ए-गुल से नाक में आता है दम मेरा

उम्र भर का तू ने पैमान-ए-वफ़ा बाँधा तो क्या
उम्र को भी तो नहीं है पाएदारी हाए हाए

❖❖❖

तमाशा कि ऐ महव-ए-आईना-दारी
तुझे किस तमन्ना से हम देखते हैं

❖❖❖

ताब लाए ही बनेगी, 'ग़ालिब'
वाक़िआ सख़्त है और जान अज़ीज़

दाग़-ए-फ़िराक़-ए-सोहबत-ए-शब की जली हुई
इक शम्अ रह गई है सो वो भी ख़मोश है

❖❖❖

पी जिस क़दर मिले शब-ए-महताब में शराब
इस बलग़मी-मिज़ाज को गर्मी ही रास है

❖❖❖

मरते मरते, देखने की आरज़ू रह जाएगी
वाए नाकामी, कि उस काफ़िर का ख़ंजर तेज़ है

न गुल-ए-नग़्मा हूँ, न पर्दा-ए-साज़
मैं हूँ अपनी शिकस्त की आवाज़

❖❖❖

गर किया नासेह ने हम को क़ैद, अच्छा यूँ सही
ये जुनून-ए-इश्क़ के अंदाज़ छुट जावेंगे क्या

❖❖❖

करे है क़त्ल लगावट में तेरा रो देना
तिरी तरह कोई तेग़-ए-निगह को आब तो दे

शोरीदगी के हाथ से है सर वबाल-ए-दोश
सहरा में ऐ ख़ुदा कोई दीवार भी नहीं

रखियो 'ग़ालिब' मुझे इस तल्ख़-नवाई में मुआफ़
आज कुछ दर्द मिरे दिल में सिवा होता है

ख़ुदाया जज़्बा-ए-दिल की मगर तासीर उल्टी है
कि जितना खींचता हूँ और खिंचता जाए है मुझ से

नज़्ज़ारे ने भी काम किया वाँ नक़ाब का
मस्ती से हर निगह तिरे रुख़ पर बिखर गई

❖❖❖

हमारे शेर हैं अब सिर्फ़ दिल-लगी के 'असद'
खुला कि फ़ाएदा अर्ज़-ए-हुनर में ख़ाक नहीं

❖❖❖

रहे न जान तो क़ातिल को ख़ूँ-बहा दीजे
कटे ज़बान तो ख़ंजर को मरहबा कहिए

वफ़ा-दारी ब-शर्त-ए-उस्तुवारी अस्ल ईमाँ है
मरे बुत-ख़ाने में तो काबे में गाड़ो बिरहमन को

❖❖❖

काँटों की ज़बाँ सूख गई प्यास से या रब
इक आबला-पा वादी-ए-पुर-ख़ार में आवे

❖❖❖

है ख़याल-ए-हुस्न में, हुस्न-ए-अमल का सा ख़याल
ख़ुल्द का इक दर है, मेरी गोर के अंदर, खुला

दिल ही तो है सियासत-ए-दरबाँ से डर गया
मैं और जाऊँ दर से तिरे बिन सदा किए

❖❖❖

है पर-ए-सरहद-ए-इदराक से अपना मसजूद
क़िबले को अहल-ए-नजर क़िबला-नुमा कहते हैं

❖❖❖

बे-पर्दा सू-ए-वादी-ए-मजनूँ गुज़र न कर
हर ज़र्रा के नक़ाब में दिल बे-क़रार है

रात पी ज़मज़म पे मय, और सुब्ह-दम
धोए धब्बे जामा-ए-एहराम के

❖❖❖

रश्क कहता है कि उस का ग़ैर से इख़्लास हैफ़
अक़्ल कहती है कि वो बे-मेहर किस का आश्ना

❖❖❖

ग़ैर को या रब वो क्यूँकर मन-ए-गुस्ताख़ी करे
गर हया भी उस को आती है तो शरमा जाए है

मैंने कहा कि बज़्म-ए-नाज चाहिए ग़ैर से तिही
सुन के सितम-ज़रीफ़ ने मुझ को उठा दिया कि यूँ

❖❖❖

हाँ ऐ फ़लक-ए-पीर जवाँ था अभी आरिफ़
क्या तेरा बिगड़ता जो न मरता कोई दिन और

❖❖❖

क़तरा अपना भी हक़ीक़त में है दरिया लेकिन
हम को तक़लीद-ए-तुनुक-ज़र्फ़ी-ए-मंसूर नहीं

सीखे हैं मह-रुख़ों के लिए हम मुसव्वरी
तक़रीब कुछ तो बहर-ए-मुलाक़ात चाहिए

❖❖❖

कहते हुए साक़ी से हया आती है वर्ना
है यूँ कि मुझे दुर्द-ए-तह-ए-जाम बहुत है

❖❖❖

पिन्हाँ था दाम-ए-सख़्त क़रीब आशियान के
उड़ने न पाए थे, कि गिरफ़्तार हम हुए

इक ख़ूँ-चकाँ कफ़न में करोड़ों बनाओ हैं
पड़ती है आँख तेरे शहीदों पे हूर की

❖❖❖

मैं ना-मुराद दिल की तसल्ली को क्या करूँ
माना, कि तेरे रुख़ से निगह कामयाब है

❖❖❖

ज़बाँ पे बार-ए-ख़ुदाया ये किस का नाम आया
कि मेरे नुत्क़ ने बोसे मिरी ज़बाँ के लिए

ग़लती-हा-ए-मज़ामीं मत पूछ
लोग नाले को रसा बाँधते हैं

❖❖❖

हर क़दम दूरी-ए-मंजिल है नुमायाँ मुझ से
मेरी रफ़्तार से भागे है बयाबाँ मुझ से

❖❖❖

जज़्बा-ए-बे-इख़्तियार-ए-शौक़ देखा चाहिए
सीना-ए-शमशीर से बाहर है दम शमशीर का

चाहते हैं ख़ूब-रूयों को 'असद'
आप की सूरत तो देखा चाहिए

❖❖❖

देखना क़िस्मत कि आप अपने पे रश्क आ जाए है
मैं उसे देखूँ भला कब मुझ से देखा जाए है

❖❖❖

फिर देखिए अंदाज़-ए-गुल-अफ़्शानी-ए-गुफ़्तार
रख दे कोई पैमाना-ए-सहबा मेरे आगे

ज़ोफ़ में तअना-ए-अग़यार का शिकवा क्या है
बात कुछ सर तो नहीं है कि उठा भी न सकूँ

❖❖❖

है ग़ैब-ए-ग़ैब जिस को समझते हैं हम शुहूद
हैं ख़्वाब में हुनूज़ जो जागे हैं ख़्वाब में

❖❖❖

है काएनात को हरकत तेरे ज़ौक़ से
परतव से आफ़ताब के ज़र्रे में जान है

जब तक कि न देखा था क़द-ए-यार का आलम
मैं मो'तक़िद-ए-फ़ित्ना-ए-महशर न हुआ था

❖❖❖

हम से खुल जाओ ब-वक़्त-ए-मय-परस्ती एक दिन
वर्ना हम छेड़ेंगे रख कर उज़्र-ए-मस्ती एक दिन

❖❖❖

है तमाशा-गाह-ए-सोज़-ए-ताज़ा हर यक उज़्व-ए-तन
जूँ चराग़ान-ए-दिवाली सफ़-ब-सफ़ जलता हूँ मैं

गुंजाइश-ए-अदावत-ए-अग़यार यक तरफ़
याँ दिल में ज़ोफ़ से हवस-ए-यार भी नहीं

❖❖❖

ताअत में ता रहे न मय-ओ-अँगबीं की लाग
दोज़ख़ में डाल दो कोई ले कर बहिश्त को

❖❖❖

गिरनी थी हम पे बर्क़-ए-तजल्ली न तूर पर
देते हैं बादा ज़र्फ़-ए-क़दह-ख़्वार देख कर

धोता हूँ जब मैं पीने को उस सीम-तन के पाँव
रखता है ज़िद से खींच के बाहर लगन के पाँव

❖❖❖

ऐ नवा-साज़-ए-तमाशा सर-ब-कफ़ जलता हूँ मैं
इक तरफ़ जलता है दिल और इक तरफ़ जलता हूँ मैं

❖❖❖

तू और आराइश-ए-ख़म-ए-काकुल
मैं और अंदेशा-हा-ए-दूर-दराज़

वा'दा आने का वफा कीजे, ये क्या अंदाज़ है
तुम ने क्यूँ सौंपी है मेरे घर की दरबानी मुझे

❖❖❖

कम नहीं जल्वागरी में, तिरे कूचे से बहिश्त
यही नक़्शा है वले इस क़दर आबाद नहीं

❖❖❖

मज़े जहान के अपनी नज़र में ख़ाक नहीं
सिवाए ख़ून-ए-जिगर सो जिगर में ख़ाक नहीं

हैं आज क्यूँ ज़लील कि कल तक न थी पसंद
गुस्ताख़ी-ए-फ़रिश्ता हमारी जनाब में

❖❖❖

वा-हसरता कि यार ने खींचा सितम से हाथ
हम को हरीस-ए-लज़्ज़त-ए-आज़ार देख कर

❖❖❖

मैं अदम से भी परे हूँ, वर्ना, ग़ाफ़िल बार-हा
मेरी आह-ए-आतिशीं से बाल-ए-अन्क़ा जल गया

ने तीर कमाँ में है न सय्याद कमीं में
गोशे में क़फ़स के मुझे आराम बहुत है

❖❖❖

विदाअ ओ वस्ल में हैं लज़्ज़तें जुदागाना
हज़ार बार तू जा सद-हज़ार बार आ जा

❖❖❖

पूछे है क्या वजूद ओ अदम अहल-ए-शौक़ का
आप अपनी आग के ख़स-ओ-ख़ाशाक हो गए

तिरे जवाहिर-ए-तरफ़-ए-कुलह को क्या देखें
हम औज-ए-ताला-ए-लाला-ओ-गुहर को देखते हैं

❖❖❖

न बंधे तिश्नगी-ए-ज़ौक़ के मजमूँ 'ग़ालिब'
गरचे दिल खोल के दरिया को भी साहिल बाँधा

❖❖❖

मुँह न दिखलावे न दिखला पर ब-अंदाज़-ए-इताब
खोल कर पर्दा ज़रा आँखें ही दिखला दे मुझे

मैं भी रुक-रुक के न मरता, जो ज़बाँ के बदले
दशना इक तेज़ सा होता मिरे ग़म-ख़्वार के पास

❖❖❖

गरचे है तर्ज़-ए-तग़ाफ़ुल पर्दा-दार-ए-राज़-ए-इश्क़
पर हम ऐसे खोए जाते हैं कि वो पा जाए है

❖❖❖

समझ के करते हैं बाज़ार में वो पुर्सिश-ए-हाल
कि ये कहे कि सर-ए-रहगुज़र है क्या कहिए

हवस-ए-गुल के तसव्वुर में भी खटका न रहा
अजब आराम दिया बे-पर-ओ-बाली ने मुझे

❖❖❖

साए की तरह साथ फिरें सर्व ओ सनोबर
तू इस क़द-ए-दिलकश से, जो गुलज़ार में आवे

❖❖❖

सर पा-ए-ख़ुम पे चाहिए हंगाम-ए-बे-ख़ुदी
रू सू-ए-क़िबला वक़्त-ए-मुनाजात चाहिए

फ़र्दा-ओ-दी का तफ़रक़ा यक बार मिट गया
कल तुम गए कि हम पे क़यामत गुज़र गई

❖❖❖

मैं भी रुक रुक के न मरता जो ज़बाँ के बदले
दशना इक तेज़ सा होता मिरे ग़म-ख़्वार के पास

❖❖❖

गरचे है तर्ज़-ए-तग़ाफ़ुल पर्दा-दार-ए-राज़-ए-इश्क़
पर हम ऐसे खोए जाते हैं कि वो पा जाए है

समझ के करते हैं बाज़ार में वो पुर्सिश-ए-हाल
कि ये कहे कि सर-ए-रहगुज़र है क्या कहिए

❖❖❖

हवस-ए-गुल के तसव्वुर में भी खटका न रहा
अजब आराम दिया बे-पर-ओ-बाली ने मुझे

❖❖❖

लेता हूँ मकतब-ए-ग़म-ए-दिल में सबक़ हनूज़
लेकिन यही कि रफ़्त गया, और बूद था

नाकामी-ए-निगाह है बर्क़-ए-नज़ारा-सोज़
तू वो नहीं कि तुझ को तमाशा करे कोई

❖❖❖

सताइश-गर है ज़ाहिद इस क़दर जिस बाग़-ए-रिज़वाँ का
वो इक गुल-दस्ता है हम बे-ख़ुदों के ताक़-ए-निस्याँ का

❖❖❖

काफ़ी है निशानी तिरा छल्ले का न देना
ख़ाली मुझे दिखला के ब-वक़्त-ए-सफ़र अंगुश्त

ख़ुदा शरमाए हाथों को कि रखते हैं कशाकश में
कभी मेरे गरेबाँ को कभी जानाँ के दामन को

❖❖❖

जल्वे का तेरे वो आलम है कि गर कीजे ख़याल
दीदा-ए-दिल को ज़ियारत-गाह-ए-हैरानी करे

❖❖❖

मैं ने जुनूँ से की जो 'असद' इल्तिमास-ए-रंग
ख़ून-ए-जिगर में एक ही ग़ोता दिया मुझे

की उस ने गर्म सीना-ए-अहल-ए-हवस में जा
आवे न क्यूँ पसंद कि ठंडा मकान है

❖❖❖

बिसात-ए-इज्ज़ में था एक दिल यक क़तरा ख़ूँ वो भी
सो रहता है ब-अंदाज़-ए-चकीदन सर-निगूँ वो भी

❖❖❖

लरज़ता है मिरा दिल ज़हमत-ए-मेहर-ए-दरख़्शाँ पर
मैं हूँ वो क़तरा-ए-शबनम कि हो ख़ार-ए-बयाबाँ पर

हाँ अहल-ए-तलब कौन सुने ताना-ए-ना-याफ़्त
देखा कि वो मिलता नहीं अपने ही को खो आए

❖❖❖

क्यूँ न ठहरें हदफ़-ए-नावक-ए-बे-दाद कि हम
आप उठा लेते हैं गर तीर ख़ता होता है

❖❖❖

है मुश्तमिल नुमूद-ए-सुवर पर वजूद-ए-बहर
याँ क्या धरा है क़तरा ओ मौज-ओ-हबाब में

बिसात-ए-इज्ज में था एक दिल यक क़तरा ख़ूँ वो भी
सो रहता है ब-अंदाज-ए-चकीदन सर-निगूँ वो भी

❖❖❖

ज़ोफ़ से गिर्या मुबद्दल ब-दम-ए-सर्द हुआ
बावर आया हमें पानी का हवा हो जाना

❖❖❖

मैं और सद-हज़ार नवा-ए-जिगर-ख़राश
तू और एक वो ना-शुनीदन कि क्या कहूँ

हरीफ़-ए-मतलब-ए-मुश्किल नहीं फ़ुसून-ए-नियाज़
दुआ क़ुबूल हो या रब कि उम्र-ए-ख़िज्र दराज़!

❖❖❖

यूसुफ उस को कहो और कुछ न कहे ख़ैर हुई
गर बिगड़ बैठे तो मैं लाइक़-ए-ताज़ीर भी था

❖❖❖

दश्ना-ए-ग़म्ज़ा जाँ-सिताँ नावक-ए-नाज़ बे-पनाह
तेरा ही अक्स-ए-रुख़ सही सामने तेरे आए क्यूँ

शाहिद-ए-हस्ती-ए-मुतलक़ की कमर है आलम
लोग कहते हैं कि है पर हमें मंज़ूर नहीं

❖❖❖

मिसाल ये मिरी कोशिश की है कि मुर्ग़-ए-असीर
करे क़फ़स में फ़राहम ख़स आशियाँ के लिए

❖❖❖

हर बुल-हवस ने हुस्न-परस्ती शिआ'र की
अब आबरू-ए-शेवा-ए-अहल-ए-नज़र गई

नश्शा-ए-रंग से है वाशुद-ए-गुल
मस्त कब बंद-ए-क़बा बाँधते हैं

❖❖❖

निस्यह-ओ-नक़्द-ए-दो-आलम की हक़ीक़त मालूम
ले लिया मुझ से मिरी हिम्मत-ए-आली ने मुझे

❖❖❖

जहाँ तेरा नक़्श-ए-क़दम देखते हैं
ख़याबाँ ख़याबाँ इरम देखते हैं